CONSIDÉRATIONS

GÉNÉRALES

SUR LA FABRIQUE

ET SUR

L'ORGANISATION DU TRAVAIL

A LYON,

PAR F. BRIFFAUD,

Dessinateur.

Améliorer.
Triompher de la concurrence par la
supériorité des produits.

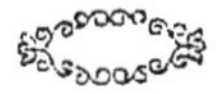

LYON,

IMPRIMERIE DE BOURSY, GRANDE RUE MERCIÈRE, 66,

Près la place de la Préfecture.

1848.

En livrant à mes concitoyens le résultat d'observations faites en fabrique depuis plusieurs années, je n'ai eu d'autre but que de présenter quelques améliorations pratiques, qui m'ont semblé concilier le présent avec le passé, et offrir quelques garanties pour l'avenir.

On chercherait en vain dans cette esquisse imparfaite, un ouvrage de style ou de chiffres ; on n'y trouvera, j'ai hâte de le dire, qu'un faible travail pour de si graves questions.

Je serais cependant infiniment heureux, et m'applaudirais de ma témérité, si des praticiens plus habiles que moi y découvraient le germe de quelques réformes utiles à notre industrie locale et au bien-être des travailleurs.

CONSIDÉRATIONS

SUR LA FABRIQUE DE LYON.

Depuis quelques années seulement, on s'est occupé , à Lyon, de rechercher les causes du malaise qui frappe périodiquement la fabrique, tant à l'intérieur qu'à l'extérieur, et on peut regretter de ne point trouver à la tête de ces généreux efforts des citoyens spéciaux , fabricants ou chefs d'ateliers , dont l'expérience et les avis pratiques eussent, en éclairant la question, hâté le moment d'une solution aujourd'hui si opportune et si ardemment désirée.

Parmi ceux qui se sont occupés des intérêts de notre industrie locale, il faut signaler l'Académie de Lyon, dont la sollicitude éclairée a fait donner pour concours, en 1844, le sujet suivant : *Des causes locales ou extérieures qui nuisent à la fabrique de Lyon, des moyens de les faire cesser ou d'en atténuer les effets.* Ce concours eut pour résultat un excellent mémoire couronné en 1845, et dont l'auteur, M. Kauffmann, était déjà connu par des publications antérieures sur cette matière. Ce mémoire, dans l'historique de la fabrique de Lyon, signale en résumé deux termes plus ou moins longs, mais invariables de prospérité et de décadence; puis, analysant les causes locales et extérieures qui nuisent à nos fabriques, propose, entre différents moyens, l'association pour y remédier.

On peut encore citer comme bonnes quelques mesures secondaires, telles que la société de fabricants pour la répression du piquage d'onces, les encouragements accordés aux jeunes dessinateurs par la société des Amis des Arts ; quoique tout cela ne touche qu'indirectement au fond de la question, assez bien déterminé par le programme de l'Académie. Aujourd'hui, l'ère nouvelle de la République française a mis à l'ordre du jour, au nom du droit, de la justice, de l'humanité, le plus grand problème des temps modernes, l'*organisation du travail*. Les auteurs les plus spéciaux, les socialistes les plus dévoués, puisant dans les systèmes les plus populaires, ont proposé tour à tour plusieurs moyens de solution, sans arriver ni pour le présent ni même pour l'avenir à un résultat également satisfaisant pour tous les intérêts.

Nous ne nous arrêterons point à discuter la valeur de ces systèmes, tous proposés par des citoyens très compétents en science sociale, animés sans aucun doute du désir de faire à tous les travailleurs une condition plus prospère, nous dirons seulement que nous ne croyons pas à la possibilité d'un système unique, réglant toutes les professions qui constituent en France le commerce et l'industrie. Où trouver d'ailleurs une capacité industrielle, eût-elle fait à elle seule toute l'encyclopédie des arts et métiers, capable de résoudre l'organisation du travail dans ses ramifications si diverses ?

Certaines industries locales, la fabrique de soieries à Lyon, par exemple, n'ont de ressemblance pour leur organisation matérielle avec aucune autre fabrique française ou étrangère : comprendre ces industries dans un système général de réorganisation, ce serait évidemment les conduire à la ruine.

Nous n'avons entrepris et nous ne parlerons, dans cet opuscule, qu'au seul point de vue de la fabrique lyonnaise : notre but est de ramener la question à son côté pratique, en nous étendant sur des améliorations locales qui lui constitueraient pour l'avenir des garanties de prospérité. Pour être bien compris, nous établirons respectivement la position de notre fabrique vis-à-vis de la concurrence étrangère, en faisant entrer, tout d'abord, en comparaison, l'organisation matérielle, la quantité de métiers, l'emploi des matières, la fabrication, le goût, etc.

ORGANISATION ACTUELLE DE LA FABRIQUE.

L'organisation de la fabrique à Lyon est infiniment supérieure, comme bien-être moral et matériel, aux manufactures de soieries de la Prusse, de l'Allemagne, de l'Angleterre, de la Suisse, etc., puisqu'il est vrai que le chef d'atelier ne relève précisément d'aucune maison, et conserve sa liberté d'action, en changeant à son gré d'articles et de fabricants, facilité qu'il est en ceci par les métiers et les ustensiles qui sont sa propriété.

L'ouvrier tisseur jouit, comme le chef d'atelier, d'une liberté à peu près semblable, il a le choix de l'atelier, de l'article, du salaire.

Dans les manufactures étrangères, des quantités considérables de travailleurs des deux sexes, entassés pour un travail purement mécanique, ne trouvent là rien de ce qui développe l'intelligence, rien de ce qui donne à l'homme la conscience de sa valeur. Pour eux les soins mutuels de la vie intérieure n'existent plus, les membres d'une même famille, divisés selon les besoins du travail, pourvoient isolément, et souvent d'une manière insuffisante, à leur alimentation; ce qui entraîne, pour les femmes et les enfants, plus faibles que les hommes, la ruine précoce de leurs forces vitales.

Du côté moral, on comprend facilement ce que les mœurs ont à souffrir d'une agglomération humaine aussi incohérente, entièrement livrée à la souveraineté des chefs ou employés supérieurs, seuls dispensateurs du travail.

La fabrique lyonnaise a donc, sous ce double point de vue, l'avantage très appréciable de la liberté individuelle, celui de la vie en famille, des soins, des relations amicales, qui sont aux travailleurs un adoucissement légitime aux fatigues du travail.

Il reste à examiner si ces avantages de l'organisation lyonnaise ne sont point consentis au détriment de l'écoulement de nos produits, en augmentant les prix de consommation.

Nous trouvons dans des lettres industrielles sur l'exposition de Berlin, en 1844, qui comparent les tissus exposés à ceux de notre industrie, une légère différence en moins dans la cote des prix de vente, sans pourtant que l'auteur fasse entrer pour rien cette différence dans le succès de ces fabriques, qu'il reporte entièrement sur la petite quantité de fabricants traitant à peu près tous les articles de la consommation courante, et surtout à leur manière d'opérer directement avec les marchands en détail pour la vente de leurs produits.

On peut se diriger plus sûrement encore en prenant pour point de comparaison l'exposition des tissus étrangers faite en mai 1846, grande salle de l'Hôtel-de-Ville, à Lyon, où la plus grande partie des étoffes exposées étaient dans tous les genres, de l'avis de tous les hommes spéciaux, bien inférieures, comme fabrication, comme goût, comme emploi de matières, aux tissus de même nature confectionnés à Lyon. Ces articles étaient cependant cotés de telle sorte que plusieurs de nos maisons de fabrique en auraient pris commission aux prix indiqués.

On sait qu'une maison des plus honorables de notre ville a proposé d'établir plusieurs de ces articles à des prix inférieurs.

On a pu néanmoins s'effrayer de la modicité des prix de quelques articles, tels que des velours et autres unis; un examen minutieux a prouvé que ces prix ne pouvaient être qu'une erreur; en conséquence, c'eût été mal opérer que de les choisir pour une comparaison quelconque. On trouve d'ailleurs, sur la place de Paris, à la fin de chaque saison, des articles dont les prix sont tout aussi inférieurs au cours ordinaire.

Par ce qui précède, nous avons essayé de démontrer qu'attaquer l'organisation matérielle de notre fabrique, ce serait se buter à son côté le plus irréprochable et le plus généralement reconnu comme tel. Nous n'avons trouvé, en basant notre raisonnement sur le prix des produits français et étrangers livrés à la consommation, excepté pour les unis, que des prix égaux, et plus de perfection dans les tissus.

DES FORCES PRODUCTIVES FRANÇAISES ET ÉTRANGÈRES.

L'état peu prospère de la fabrique à Lyon depuis plusieurs années a réduit le nombre de métiers, qui a dû dépasser 50,000, à 25,000 au plus, et il est probable que la protection intelligente accordée par le pouvoir exécutif à l'agriculture tendra à le diminuer encore.

A ces forces nous ajouterons 6 à 8,000 métiers fonctionnant dans les communes environnantes.

Les tisseurs en général se sont plaints avec raison de la concurrence écrasante que leur faisaient ces métiers, en réduisant le prix des façons à un taux inacceptable pour quiconque habitait la ville; en effet, beaucoup d'ouvriers, parmi ceux qui travaillent régulièrement au tissage à la campagne, sont tout à la fois cultivateurs et tisseurs, selon que les travaux des champs leur en donnent le loisir, ce qui a lieu chaque année pour quatre ou cinq mois d'hiver, ordinairement les plus difficiles à passer pour la population ouvrière des villes. Tous jouissent en outre d'un rabais important sur les droits d'octroi, le prix des loyers, la vie animale, etc.

Nous pensons que cet abus, l'un des plus graves de la fabrique, et partant des plus pressants à combattre, sera mis à néant par les encouragements donnés à l'agriculture, par l'abaissement des droits sur les objets de première nécessité, et principalement par la création du minimum des salaires, dont nous parlerons ultérieurement.

En établissant, d'une manière régulière pour tous, le prix des façons, les fabricants choisiront de préférence les métiers le plus rapprochés de leur centre d'opérations.

Ces mesures modifieront probablement aussi le travail dans les communautés religieuses, qui a pour l'ouvrier de la ville les mêmes inconvénients que celui des campagnes.

En résumé, ce sera, au maximum, 25,000 métiers tissant les étoffes les plus parfaites, qu'il s'agira de faire lutter avec avantage contre les forces de l'Allemagne, de la Prusse, de la Suisse, etc., qui, réunies, s'élèvent, d'après des documents assez précis, à 230,000 métiers environ, s'occupant particulièrement de la consommation ordinaire.

DU GOUT, DU DESSIN, DE LA FABRICATION ET DE L'EMPLOI DES MATIÈRES.

Lyon a été le berceau de la fabrication des tissus en France; c'est dans ses murs qu'elle s'est développée, c'est au génie de plusieurs Lyonnais qu'elle doit la création d'étoffes fondamentales, c'est enfin aux talents des Philippe de Lassale, des Boni, des Berjon, et surtout à Jacquard, qu'il faut reporter son illustration moderne comme dessins et comme fabrication.

L'industrie française, et notamment notre industrie locale, pleine de confiance en son génie particulier, a pratiqué jusqu'à ce jour la plus complète indifférence pour ses intérêts privés ; ainsi, les étrangers ont pu, sans aucun effort, profiter de toutes nos découvertes et inventions, acheter à Lyon même nos machines les plus perfectionnées, envoyer leurs nationaux se former à nos écoles spéciales, jouir de l'exportation des soies teintes, etc., etc. Cette tolérance, toute flatteuse qu'elle est pour le caractère national, a, néanmoins, constitué aux manufactures étrangères des éléments de succès, et privera par la suite notre industrie de plusieurs articles de sa fabrication.

Le goût, le dessin, la fabrication, voilà notre supériorité incontestable et incontestée. Toute notre force, toute notre valeur réelle est là. L'avenir de nos fabriques dépend entièrement de la direction qu'on peut leur donner, et c'est dans cette direction même qu'est la véritable organisation du travail. Notre supériorité est encore évidente pour l'emploi des matières, qui a certainement une grande importance pour la beauté et la régularité des étoffes ; ainsi, dans les unis, où le poids de la matière sert à baser le prix de vente, on comprend facilement qu'une juste application soit d'une nécessité rigoureuse. Mais ce n'est là, il faut en convenir, qu'une affaire d'expérience ; avec du temps, tout le monde y arrivera.

Le but qu'il faut atteindre, c'est de vendre à toutes les capitales du monde nos produits, qui, par leur qualité et leur nature, ne peuvent être dirigés que vers la consommation de luxe ; ce qui reste à obtenir, c'est en quelque sorte le monopole d'une consommation qu'aucune concurrence ne saurait nous disputer, et, quelle que soit notre prédomination sur les fabriques étrangères, ce n'est qu'en les distançant de nouveau comme perfection que nous écarterons leur concurrence et resterons sans rivalités.

Nous dirons pour conclure qu'à moins d'évènements extraordinaires et que Dieu seul peut prévoir , nous sommes en droit d'espérer un écoulement facile pour les produits de nos 25,000 métiers, que nous nous efforcerons de rendre sans concurrence, en les amenant à leur plus grande supériorité comme tissus et comme prix; en choisissant dans la consommation générale de soieries, en Europe, la partie qui entre le plus directement dans notre goût et dans nos moyens d'exécution; en comptant enfin, pour nos relations extérieures, sur la protection du gouvernement qui d'avance nous est assurée.

Nous devons nous préparer à profiter des débouchés nouveaux qui s'ouvrent au commerce et à l'industrie; déjà le gouverneur des possessions anglaises, dans l'Inde, a donné libre entrée dans tous les ports à tous les pavillons ; déjà certaines contrées de l'Italie ont revisé leurs droits de douane ; la France ne peut point rester en arrière, elle doit marcher résolument dans cette voie de progrès.

DE L'ORGANISATION DU TRAVAIL.

La révolution, a-t-on dit, est éminemment sociale; n'était-ce pas dire que tous les intérêts de la société, devant reposer à l'avenir sur des principes de liberté, d'égalité et de fraternité, la grande affaire serait d'équilibrer ces intérêts, et, tout en respectant la propriété et les droits acquis, d'étendre à tous ce qui n'était qu'à quelques uns, et enfin d'organiser le travail en réglant le salaire?

Nous allons donc chercher ce que c'est qu'organiser le travail pour la fabrique lyonnaise.

Le travail, dans les principales maisons de Lyon, est ordinairement divisé en quatre saisons, la saison d'été qui correspond aux mois de décembre, janvier et février, la saison d'hiver aux mois de juin, juillet et août, et deux saisons intermédiaires, appelées en fabrique saisons d'Amérique.

Certaines branches de l'industrie lyonnaise échappent à ce classement, mais il n'en demeure pas moins la base fondamentale pour les trois quarts de nos opérations commerciales. La vie matérielle des travailleurs se trouve ainsi fatalement liée à l'éventualité d'une saison, qui peut être bonne ou mauvaise, quelquefois nulle, comme cela est arrivé depuis plusieurs années. Ce sont alors des chômages forcés, enfantant des crises terribles qui exigent impérieusement des réformes, et enfin une réorganisation complète, plus conforme aux intérêts de tous et particulièrement à ceux des travailleurs.

Parmi les systèmes proposés pour arriver au résultat, un des plus appréciés parce qu'il est des plus séduisants, c'est sans contredit l'association basée sur le système de Fourier; sans doute cette association contient en principe des germes féconds de bonheur et de prospérité; mais la grande difficulté est d'en déterminer la forme, le degré, et d'en rendre ainsi aux yeux de tous l'application possible à une industrie spéciale dont l'organisation n'est point parfaite, mais qui en définitive fonctionne telle qu'elle est.

Pour nous, après avoir écouté avec attention un exposé d'organisation du travail basé sur ce système et applicable à la fabrique de Lyon, nous n'avons pu être convaincu de la nécessité d'une association réunissant tous les corps de métiers qui s'y rattachent; il nous a semblé que proposer une réorganisation aussi complète avec l'ébranlement actuel du crédit, ce serait ajourner encore le travail qui devient de jour en jour plus indispensable; enfin nous ajouterons qu'il pourrait y avoir danger à compromettre ainsi, pour un simple essai, l'avenir de l'un des plus riches commerces de France, et peut-être aussi l'existence matérielle d'une masse considérable de travailleurs qui réclament plutôt une garantie quelconque qu'une éventualité.

Nous ne condamnons point, comme on le verra dans la suite, l'association en principe ; personne plus que nous ne croit à son heureuse influence sur le sort des travailleurs, aussi en proposerons-nous un commencement, un germe, bien convaincu qu'elle n'est possible qu'à ces conditions, et surtout en ne la reliant à aucun système socialiste.

Pour le moment, l'association doit se borner à des caisses de secours mutuels fondées par tous les travailleurs employés à la confection complète de tissus, et divisés par spécialités de corps de métiers. Ce système, étant pratiqué par tous les travailleurs de la France, pourrait devenir par la suite le principe d'une association générale, c'est-à-dire la consécration du plus large système de solidarité.

Le revenu de ces caisses serait basé d'une manière régulière pour tous les membres associés.

L'administration spéciale de chaque corps provoquerait des réunions de membres, dans lesquelles on aviserait, dans l'intérêt général, à des réformes, à des améliorations, et où on se renseignerait pour le travail.

Enfin, nous croyons que pour résoudre, d'une manière conforme au droit, à la raison, à l'équité, ces questions d'une gravité extrême, il importe de se bien pénétrer que la société déjà vieille d'avant février 1848, a légué aux organisateurs nouveaux son vieux matériel, les maisons, les ustensiles, les habitudes prises, les hommes, et qu'il faut, bon gré mal gré, qu'on s'en arrange, à moins cependant de recourir à la baguette enchantée, ou, ce qui est plus positif, de livrer à un cataclysme général l'industrie épouvantée.

La vérité en tout ceci, c'est que chacun ne doit raisonnablement attendre un avenir meilleur que de réformes librement consenties ; l'exiger en dehors de ces conditions, c'est courir au bouleversement, à la ruine, au chômage, à la misère, qui ne peuvent être écartés qu'en suivant une voie sûre, et en procédant, comme en algèbre, du connu à l'inconnu.

Nous avons été convaincu, en analysant les causes du mal, qu'*anéantir les chômages, et constituer aux travailleurs des salaires rationnels*, ce serait organiser le travail. On sait, en effet, que les chômages étaient devenus tellement fréquents, que beaucoup de métiers en étaient arrivés à ne travailler que six mois par année. Il est évident qu'un état de choses aussi anormal ne peut durer davantage, ou il faudrait accorder en toute justice un salaire de 6 fr. par jour à ces métiers (en supposant le prix de la journée ordinaire fixée à 3 fr.), ce qui serait tout-à-fait impraticable, d'abord parce qu'un fabricant ne pourrait vendre des tissus payés double façon, ensuite parce qu'un ouvrier n'étant pas sûr de ne travailler précisément que six mois, il en résulterait pour l'avenir des embarras que tout le monde peut prévoir.

C'est donc trois francs par jour qu'il faut choisir ; seulement, il y a nécessité absolue à ce qu'ils soient gagnés régulièrement de janvier à décembre, ainsi de suite. Toute la question est là.

Nous avons pris arbitrairement le chiffre de trois francs pour la journée ; nous n'entendons rien fixer nous-même , ce n'est qu'un terme de comparaison ; le comité ou conseil des prud'hommes , dont nous parlerons ultérieurement , fixera plus justement le salaire ; cependant, nous insistons sur ce point qu'un minimum pour chaque article doit être convenu. Le droit, la raison, la justice accordant à chacun selon ses œuvres ; la société industrielle doit garantir à tout travailleur son existence matérielle et morale, et le prix de la journée doit être fixé de manière à ce que ces conditions soient réalisables. Il faut qu'on puisse désormais prendre pour devise : *Arriver à tout par l'ordre, le travail et l'économie.* C'est, selon nous, la ligne droite de la plus légitime ambition.

RÉORGANISATION DU TRAVAIL.

L'opinion générale de ceux qui se sont occupés des intérêts de la fabrique, sa réputation à l'étranger, l'exposition des produits en soieries des fabriques d'Allemagne, de Prusse, d'Angleterre, etc., en 1846, nous ont confirmé que l'article appelé *nouveauté* dans tous les genres était à peu près aujourd'hui le seul pour lequel il n'y ait pas de comparaison possible avec l'étranger. Cette conviction nous a amené à formuler ainsi la question d'avenir de nos fabriques locales.

A l'intérieur, agir de manière *à triompher de la concurrence étrangère par la supériorité du produit;* à l'extérieur, obtenir *liberté entière pour le commerce des soieries.*

Nous entendons par la supériorité du produit, conserver l'avantage du bon goût, du dessin, de la variété, de la bonne exécution, en arrivant à l'égalité, et même à l'infériorité des prix.

Liberté entière pour le commerce des soieries, c'est-à-dire, traiter à l'extérieur pour l'abolition des droits de douane et la révision des droits prohibitifs pour les tissus français, donner à l'intérieur, en échange, des droits égaux à l'industrie étrangère.

Si nous avons réussi à démontrer que les forces productives de nos fabriques devaient se reporter presque exclusivement sur l'article appelé *nouveauté,* nous ajouterons que la concurrence intérieure, qui n'est pas autre chose ici que l'émulation, peut seule en garantir le succès d'une manière durable; ce qui le prouve, c'est qu'il est impossible d'attribuer à d'autres causes le rang que notre fabrique occupe aujourd'hui; sans elle, elle eût été infailliblement entraînée à sa ruine, par la maxime du laissez-faire, si largement pratiquée à Lyon, et surtout par le défaut d'ordre dans la direction des forces productives. La véritable concurrence, la seule dangereuse pour notre fabrique, c'est la concurrence étrangère , et, quel que soit le système qui prévale pour l'organisation du travail, il devra compter avec elle.

Pour nous, le seul moyen d'y échapper consiste à juger de sa position, de sa force, et à manœuvrer en conséquence.

Sa position , avons-nous dit, est bonne comme organisation matérielle; l'important est de diriger sa production dans un sens qui permette des salaires rationnels.

La force numérique est de 25,000 métiers lyonnais contre 250,000 étrangers. Les ouvriers qui font manœuvrer les premiers, les fabricants qui en dirigent la production, les dessinateurs qui créent la nouveauté, sont les plus habiles du monde.

Manœuvrer en conséquence, c'est chercher en quelque sorte l'ordre naturel des forces productives pour la division des articles, et pousser aux progrès par toutes les améliorations possibles.

On sait, par exemple, que, depuis quelques années, un tiers des maisons de fabrique s'étaient rejetées sur l'article gilet, alors en faveur; le résultat de cet envahissement anormal devait être inévitablement la surabondance de ce genre de tissus, entraînant après elle la ruine pour quelques maisons, le manque de travail et la misère pour les travailleurs. Une agglomération semblable, dans un seul genre de produits, entraîne toujours dans un temps donné une grande détresse, en ce sens qu'il y a impossibilité de reporter ailleurs tous les bras inoccupés, ce qui n'arriverait pas avec une distribution plus logique du travail.

Tout doit donc porter la fabrique de Lyon à s'éloigner de la routine, du chemin battu; chaque fabricant doit viser, comme dans les arts, à être *lui,* à se faire une *individualité;* ce serait réduire la concurrence locale qui, une fois réglée, peut donner d'excellents résultats, et qui n'a de véritables dangers que pour les produits exactement semblables. Ce serait, en outre, annuler la concurrence étrangère en la déplaçant, par la qualité et la perfection de nos produits. Les avantages de cette condition de progrès seraient de produire les tissus les plus beaux et les plus variés, et conséquemment les plus recherchés. Pour arriver à ce résultat, qui ferait de la prospérité des beaux jours de notre fabrique son état normal, il serait indispensable qu'un comité spécial présidât aux améliorations, aux réformes qui doivent embrasser tous les points jusqu'ici négligés ou même inconnus de ce vaste problème. Ce comité, qui serait composé de fabricants, chefs d'ateliers, ouvriers tisseurs, etc., n'aurait point pour mission d'attribuer tel ou tel article à telle ou telle maison, ses fonctions se réduiraient à éclairer la direction par un calcul approximatif sur la consommation générale de nos produits. Personne n'ayant le droit de faire à qui que ce soit sa part industrielle, en dehors de ces avis, de ces avertissements salutaires, on laisserait à chacun, comme devant, la liberté de se fourvoyer.

Les fabriques étrangères nous font une concurrence telle pour les unis, que les fabricants de cet article, à Lyon, ont été obligés d'appliquer à tous les ressorts de son exécution matérielle la plus stricte économie ; aussi est-ce principalement dans ces étoffes, en partie tissées par des femmes, que de tout temps la misère a été la plus grande. Comment continuer, aujourd'hui qu'il faut obéir aux exigences légitimes de bien-être moral et matériel réclamées par les travailleurs, un article dont il ne se vendrait pas un mètre à dix centimes de différence. La nouveauté, infiniment moins limitée dans ses prix, permettrait d'accorder aux travailleurs un salaire équitable, soit qu'on descende au minimum invariable dont nous avons parlé, soit qu'on monte les prix proportionnellement aux bénéfices.

Les unis offrent cependant un avantage qui n'est pas sans

importance, c'est de pouvoir s'écouler en tout temps presque régulièrement à l'intérieur ; nous proposerons, en conséquence, l'entreprise par l'Etat, ou des compagnies, de deux maisons de fabrique nationales, afin de prévenir au besoin le manque de travail dans les cas de chômage.

DES CAUSES LOCALES QUI NUISENT A LA FABRIQUE.

Ces causes, selon leur importance, peuvent être divisées en deux classes ; dans la première, nous signalerons le crédit et l'escompte, les contrefaçons, l'indifférence locale, la mauvaise direction des forces productives ; dans la deuxième, le piquage d'onces et le vol de dessins.

DU CRÉDIT ET DE L'ESCOMPTE.

Les fabricants ont eu, en 1845, plusieurs réunions à l'effet de supprimer un abus dont la marche progressive, depuis dix années, avait atteint, dans ces derniers temps, des proportions extraordinaires ; nous voulons parler de l'escompte qu'il s'agissait de régulariser et de ramener, pour toute la fabrique, à un taux unique. On ne sait vraiment à quoi attribuer la non-réussite d'une mesure aussi bonne que sage, et que la justice et l'intérêt local recommandaient particulièrement. Ce n'est pas que cette mesure fût avantageuse pour chaque maison de fabrique en particulier, puisqu'on sait qu'il est en usage de baser le calcul du prix de revient sur le maximum de l'escompte à faire, soit 17 %, et qu'ainsi l'on trouve un bénéfice toutes les fois que l'escompte est moindre, ce qui arrive presque toujours avec les maisons de commission de province.

La principale raison, plus obligatoire aujourd'hui que jamais, serait d'établir pour tous les commissionnaires la libre concurrence pour la France et l'étranger, en réglant l'escompte et le crédit à des conditions égales pour tous. Fixer invariablement le taux de l'escompte, c'est déterminer aussi la durée du crédit ; avec le système actuel, les maisons privilégiées accaparent les affaires en présentant sur la place de Paris, par exemple, les mêmes tissus que les maisons de province, avec une différence de 5 à 6 pour cent en moins, dont elles se contentent pour tout bénéfice. Cela se reproduit de la même manière sur tous les marchés étrangers , où ces maisons se retrouvent en concurrence.

Les maisons de fabrique qui opèrent sur de grands capitaux jouissent, par les mêmes raisons, d'un privilége semblable, et rien désormais ne doit autoriser personne à conserver un monopole quelconque.

Ce serait, d'autre part, simplifier considérablement les écritures, car il est probable que l'escompte fixe serait le même pour tout ce qui se rattache au commerce des soieries.

DE LA CONTREFAÇON.

Depuis quelques années, le nombre des contrefaçons locales semble s'être considérablement accru, et c'est là un symptôme d'autant plus fâcheux qu'il atteste à la fois la décadence de l'esprit de création, et la difficulté des affaires dans notre industrie locale. La plupart de ces contrefaçons sont présentées comme des questions d'intérêt général, et se réduisent le plus ordinairement à un droit personnel des plus contestés. On peut d'avance pressentir les conséquences les plus fâcheuses, si l'on continuait à persister dans cette voie qui ne tend à rien moins qu'à rendre d'une extrême timidité toute création de tissus, dessins, dispositions, en ne permettant qu'en tremblant l'usage des matériaux de toute sorte.

On attaquerait ainsi notre industrie dans son principe de progrès, en entravant la variété de ses productions.

Qu'il soit bien entendu cependant que nous ne voulons prendre ici en aucune façon le parti de la contrefaçon sérieuse, patente, dépouillant de sa propriété un individu, ou une maison, de celle qui rentre dans la juridiction ordinaire des tribunaux, et qui, par sa nature, peut s'assimiler au vol.

Pour bien établir cette différence, il serait de toute nécessité que toutes les contrefaçons possibles fussent jugées préalablement par un comité d'hommes spéciaux chargé d'autoriser ou non la saisie des étoffes, selon qu'un examen attentif des pièces de conviction, et l'appréciation du dommage pécuniaire et moral lui auraient prouvé les prétentions plus ou moins légitimes des parties.

Ce comité spécial serait composé des citoyens qui concourent le plus directement à la confection des tissus en cause ; ainsi, pour juger d'une contrefaçon d'étoffes de soie imprimées, nous désignerions un fabricant concurrent, un dessinateur d'impressions et un imprimeur.

Il est évident que ce comité n'aurait point la même valeur pour juger d'une contrefaçon de châles ou de tissus façonnés ; on choisirait dans chaque spécialité ce qui peut résumer l'ensemble des connaissances.

Ce comité serait également chargé de faire un travail sur tout ce qui peut constituer une contrefaçon ; il serait très important d'être fixé sur les tissus, dessins, etc., qui peuvent servir de matériaux, et connaître enfin ce qui fait partie du domaine public.

Une semblable analyse serait d'un grand secours pour établir des lois sur les contrefaçons.

DE L'INDIFFÉRENCE LOCALE.

C'est évidemment à l'indifférence complète qui règne à Lyon pour tout ce qui a rapport aux intérêts de notre industrie, qu'il faut attribuer le peu de succès de certaines propositions qui cependant avaient pour but des améliorations incontestables. On se plaint généralement du mauvais état des affaires, chacun déplore en particulier la misère et les souffrances qui en résultent; tout le monde sent le besoin d'une organisation meilleure, et pourtant, quand on s'est réuni (ce qui n'a eu lieu que très rarement), on n'est jamais arrivé à l'unanimité pour un parti à prendre dans de simples questions de détail. Peut-être est-ce à l'absence des parties les plus intéressées aux réformes qu'il faut reporter le peu de résultats de ces réunions. Aujourd'hui, l'intérêt personnel et l'amour-propre, qui ont toujours nui à l'esprit de corps, doivent faire place à des sentiments plus généreux qui réuniraient dans un même intérêt tous les praticiens habiles de tous les corps de la fabrique, tisseurs et fabricants, maîtres et ouvriers, dont l'expérience et les lumières triompheraient indubitablement des embarras de la situation actuelle, qui demande impérieusement le concours de tout ce qui peut éclairer et résoudre; quiconque peut apporter quelque chose à la solution du grand problème de l'organisation du travail comprendrait mal son devoir de citoyen, s'il restait en arrière.

À l'œuvre donc tous les hommes capables et spéciaux, et Lyon en compte beaucoup; éclairez le gouvernement sur vos véritables intérêts, il vous doit et vous donnera protection sur tous les points de son ressort; le reste dépend de vous.

DE LA MAUVAISE DIRECTION DES FORCES PRODUCTIVES.

Nous pensons avoir donné dans ce qui précède une analyse suffisante de la perturbation déplorable qu'engendre la mauvaise direction des forces productives. Nous n'insisterons pas davantage sur les inconvénients de ce dangereux système, qui est la base fondamentale des chômages et des souffrances qui viennent à la suite.

—

DU PIQUAGE D'ONCES ET DU VOL DES DESSINS.

Nous n'avons assigné qu'une place secondaire dans les causes nuisibles à l'essor de notre fabrique, au piquage d'onces et au vol de dessins sur échantillons et sur cartons piqués en double, quoique ces abus soient des plus graves, bien convaincu que nous sommes que la société autorisée contre le piquage d'onces, appliquant sa vigilance à combattre le vol de dessins, aurait plein succès pour la répression de ces fraudes commerciales.

Nous faisons suivre le détail des réformes et améliorations qui nous semblent indispensables aux développements du progrès industriel, seule base du système que nous avons proposé.

ORGANISATION D'UN COMITÉ DU TRAVAIL.

Notre système ayant pour but d'amener la fabrique lyonnaise à la plus grande supériorité possible dans ses produits, ce qui résoudrait, à notre point de vue, sans bouleversement aucun, la proposition de l'organisation du travail ; il serait impossible d'arriver à ce résultat sans organiser préalablement, en dehors du conseil des prud'hommes, un comité supérieur du travail chargé de diriger les améliorations diverses qui seraient proposées. Ces améliorations portant sur les différentes branches d'industrie qui se rattachent à la confection des tissus, ce comité serait formé, selon le nombre des travailleurs de chaque corps de métiers, par l'élection d'un ou de plusieurs membres renouvelés chaque année.

La direction supérieure de tout ce qui a rapport aux intérêts généraux de la fabrique lui serait confiée, et notamment ce que nous indiquons ici, comme rentrant dans ses attributions.

A tout principe d'organisation il faut une direction générale ; il serait impossible de rien obtenir avec l'isolement.

CRÉATION DE DEUX COURS PUBLICS POUR LA FABRICATION DES TISSUS.

On peut s'étonner qu'il n'ait pas été créé depuis longtemps à Lyon, le centre de la production des tissus en France, des cours publics pour la fabrication des étoffes de soie ; d'autres villes manufacturières ont depuis plusieurs années des professeurs à cet effet.

L'enseignement de la fabrication pourrait se diviser en deux cours. Le premier, pour les chefs d'ateliers et les ouvriers tisseurs, comprendrait plus particulièrement le montage des métiers et les opérations qui en dépendent ; il serait professé gratuitement à la Croix-Rousse, en dehors des heures de travail.

Ce cours aurait d'excellents effets, au point de vue industriel, en étendant les connaissances pratiques ; il permettrait, par exemple, au chef d'atelier de se passer du monteur de métiers, dont il se sert encore aujourd'hui pour certains articles, ce qui ne laisse pas que d'augmenter ses frais. Il serait superflu de faire ici de nombreuses citations. Tout le monde sait que l'erreur la plus légère dans l'ajustement des détails du métier entrave tout-à-fait l'exécution, et fait perdre ainsi un temps précieux aux travailleurs.

Le second aurait pour spécialité la théorie, en étendant son enseignement à des parties jusqu'ici négligées, telles que les études sur la soie, sur la couleur, les calculs appliqués à la teinture, les rapports de la carte au métier, le lisage, et enfin tout ce que comporte l'ancienne théorie des tissus.

Ce cours aurait lieu à Lyon, également en dehors des heures de travail.

Les deux cours seraient publics, mais cependant, dans l'intérêt de l'ordre, il pourrait y avoir des cartes d'admission qui donneraient droit à des places réservées aux élèves réguliers.

———

ÉTABLISSEMENT DE DEUX MAISONS DE FABRIQUE NATIONALES.

Les causes des chômages ne pouvant être prévues à l'avance, ce serait agir prudemment que de neutraliser leurs fâcheuses conséquences, en organisant deux maisons nationales de fabrique ayant pour objet le tissage des étoffes unies, telles que taffetas, sergés, satins, velours, etc., qui ont le grand avantage d'être conservés en placards sans subir d'autre dépréciation que celle du cours des soies.

Nous avons choisi les unis de préférence à tout autre article, quoique la concurrence étrangère en rende de jour en en jour l'écoulement plus difficile, parce que nos maisons nationales fabriquant d'autant plus que les affaires générales seront moins bonnes, la vente immédiate de leurs produits serait encore possible en certaine quantité à l'inté-

rieur, ces articles étant aussi indispensables à la consommation que le calicot, la toile, le drap, etc.

La nouveauté, au contraire, ne peut vieillir sans une dépréciation considérable.

Ce genre de tissus ne permettant qu'un très petit bénéfice, ce serait ici le cas d'essayer de l'association. Ces maisons seraient montées par l'Etat ou par des compagnies ;
elles pourraient occuper chacune environ 1,500 métiers et
plus dans les temps de chômage, le moins possible en temps
ordinaire.

Les métiers qui travailleraient pour ces maisons étant
compris dans le nombre total de 25,000, l'organisation matérielle serait semblable à celle des maisons qui s'occupent
spécialement de ces articles.

Le prix des façons étant moindre que pour la nouveauté,
tout ouvrier occupé pendant six mois aurait droit à la répartition des bénéfices, en sus du minimum fixé pour la journée de onze heures de travail. Ceux qui ne seraient
employés que temporairement toucheraient un salaire aug-
menté de la moyenne de ces répartitions. Cela ne pourrait
avoir lieu qu'après une année d'essai, ou six mois au moins.
Les travailleurs, en temps ordinaire, seraient renouvelés
selon les besoins du travail et leur date d'inscription. Le personnel du conseil d'administration serait composé moitié de
fabricants ou employés, moitié de chefs d'ateliers et tisseurs,
sous la direction honoraire d'un ou de plusieurs citoyens
spéciaux appartenant au comité supérieur dont nous avons
parlé. Les employés seraient réglés pour la répartition du
salaire selon leur emploi et de la même manière que nous
l'avons indiqué pour les autres travailleurs. L'admission, pour
les travailleurs, serait régulière, par rang d'inscription, qui
pourrait cependant être interverti pour ceux dont les besoins
seraient plus pressants. Elle aurait lieu sur la présentation
de cartes délivrées par le conseil des prud'hommes.

INSTITUTION D'UNE MAGNANERIE NATIONALE.

L'industrie séricicole dont le développement en France a une si grande importance, non seulement comme industrie particulière, mais à cause de son influence immédiate sur le prix de vente de nos produits manufacturés, a-t-elle reçu à Lyon la protection toujours si nécessaire aux industries naissantes? Il faut répondre négativement et reporter aux conseils généraux et aux sociétés d'agriculture tout le mérite de la production séricicole continuellement progressive.

Aujourd'hui, 64 départements cultivent le mûrier, et le produit annuel de la soie est évalué à 150,000,000 de fr.

A l'avenir, on pourrait, à l'exemple de la société d'horticulture (qui pourrait très bien en être chargée), ouvrir une exposition annuelle, au mois de juin, à la production française de la soie en cocons ou filée de tous les départements et de l'Algérie ; on exposerait en regard du résultat les feuilles de mûrier, ou autres végétaux, qui auraient servi à l'alimentation du ver à soie.

On exposerait également les produits *séricicaux* de toute nature des fabriques étrangères, avec des notes sur l'alimentation du ver à soie, et autres procédés, en tant qu'ils auraient quelque chose de particulier. L'exposition serait complétée par des matières ouvrées, moulinées de façon particulière, qui, ainsi visitées par des fabricants, trouveraient plus facilement à être employées ; enfin, par des appareils nouveaux de toute nature pour filer, mouliner, faciliter l'éducation du ver à soie, etc. A la clôture, on distribuerait, comme dans la Société d'agriculture, des récompenses en primes, médailles, etc. accordées pour la soie, à la quantité, à la qualité, pour les moyens matériels, à l'invention, à l'intelligence d'application, à l'importation du mûrier dans un département, etc.

Nous proposerons, en outre, la création d'une magnanc-rie nationale, basée sur l'association, dans un département du Midi, dans l'Ardèche, par exemple ; ce département étant déjà le centre des opérations séricicoles, la culture du mû-rier y est plus répandue que dans tout autre, condition in-dispensable à toute entreprise de cette nature. Le capital de l'association serait fourni par l'Etat ou par des compagnies.

Tout étant à faire, l'association y serait établie le plus in-tégralement possible, on trouverait ainsi l'occasion d'un essai industriel et agricole.

La répartition du salaire et des bénéfices serait propor-tionnelle au capital, au travail, au talent. Une grande quan-tité des habitants de l'Ardèche, de la Drôme, des Cévennes, produisent de la soie en petites parties, qui sont d'autant plus difficiles à vendre que la soie qui les compose est plus mélangée. On sait qu'il faut opérer sur une assez grande quantité pour régulariser la soie et en fixer les titres.

Cette difficulté d'opérer en grand a établi dans ces dépar-tements une sorte de monopole pour quelques éducateurs, au détriment des petits producteurs.

La magnanerie nationale protégerait donc tous les petits éducateurs, en achetant au cours du jour, à tous, la soie de leur production, quelles qu'en soient la nature et la quantité. Elle réunirait, pour ainsi dire, dans ses mains toute la pro-duction en soie des départements environnants, et en créant, dans ses dépendances et sous sa direction, des ateliers de fi-lage et de moulinage, elle deviendrait le centre d'une indus-trie immense, source de prospérité pour plusieurs départe-ments qui n'ont en définitive d'autre avenir que la plantation du mûrier et la production de la soie. La population de ces départements doit déjà à la culture du mûrier une grande amélioration matérielle.

L'organisation de cette magnanerie serait confiée aux soins des citoyens le plus connus dans cette spécialité.

Un journal mensuel ferait connaître à tous les éducateurs les procédés les plus nouveaux, et propagerait ainsi la meilleure méthode d'éducation, de moulinage, etc.

Enfin, nous croyons qu'augmenter la production de la soie en France influerait inévitablement sur sa valeur, et que ce serait l'un des plus puissants moyens à mettre en œuvre pour dégager l'industrie manufacturière de la concurrence étrangère.

Cette entreprise trouverait un auxiliaire puissant pour ses relations commerciales dans le chemin de fer de la Méditerranée à l'Océan.

———

FORMATION D'UN MUSÉE SPÉCIAL DE FABRIQUE.

La nouveauté étant le résultat du progrès incessant du goût et du dessin, il importe d'en assurer la marche progressive en créant à tous ceux qui sont chargés d'innover en fabrique, dessinateurs ou fabricants, un arsenal de matériaux dans lequel on trouverait continuellement les éléments de combinaisons nouvelles.

Il est facile de se rendre compte que l'imagination, quelque complète qu'elle soit, ne peut suffire à la création continuelle de dessins dans tous les genres avec l'obligation absolue de ne pas se répéter et même de ne pas se ressembler.

Ceux qui sont chargés de la création des articles ou dispositions ont les mêmes difficultés, seulement les innovations sont moins répétées.

L'expérience a suffisamment démontré que les dessinateurs et les fabricants qui ont produit les dessins et les tissus les plus variés, et qui ont le mieux réussi, n'ont obtenu ces résultats qu'en appliquant avec intelligence le résumé de leurs observations, puisées dans leurs collections particulières.

Ces collections, en tissus, dessins, ne peuvent être réunies que longuement et à grands frais, ce qui en rend la possession impossible pour beaucoup de maisons et de dessinateurs; c'est à cette vérité généralement reconnue qu'on doit la création du cercle des dessinateurs, ayant pour but principal la formation d'une bibliothèque de matériaux assurant ainsi à ses membres, par l'association, une quantité d'ouvrages rares et précieux, principes inépuisables de toute variété.

La direction nouvelle des forces productives de notre fabrique doit se porter vers la nouveauté qui comprend la plus grande partie des articles aujourd'hui fabriqués à Lyon, car la nouveauté, c'est la couleur, l'arrangement, le goût dans les dispositions des rayés, c'est le dessin à une ou plusieurs couleurs, en bandes ou en fouillis sur toutes les étoffes, depuis le gros-de-Naples uni ou à dispositions jusqu'aux tissus les plus riches, tels que damas ou brocards tissés d'or et de soie. Le cadre de la production est immense; le principal est de faire arriver chaque article à sa plus grande supériorité.

Un musée spécial de matériaux pour la fabrique nous paraît un moyen des plus sûrs pour arriver à cette perfection, route infaillible de succès pour l'avenir. Ce musée serait formé de tout ce qui peut avoir rapport directement ou indirectement à la fabrique, mais principalement de *maté-riaux* pour aider à la création des tissus et dessins, tels que tissus anciens et nouveaux de tous les pays, dessins, gravures, plâtres, etc., puis des ustensiles français et étrangers de toutes les époques, des échantillons de soies teintes pour le tissage et la broderie, des essais de soies montées et moulinées et propres à différents usages, etc.

On ne rencontrerait nulle part aussi facilement qu'à Lyon les éléments d'une collection aussi précieuse, surtout aussi utile. On sait que plusieurs propositions ont été faites à la mairie de Lyon pour traiter de la vente de collections particulières très estimées. On pourrait, dans tous les cas, en former immédiatement le noyau en réunissant tout ce qui peut y avoir rapport, et qui se trouve épars dans les bibliothèques de la ville ; en faisant classer par ordre les échantillons dont on pourrait disposer, parmi ceux qu'on dépose pour s'assurer la propriété de l'article au greffe du conseil des prud'hommes, où ils sont certainement en grande quantité ; on peut espérer que le musée s'enrichirait par la suite de dons particuliers en tissus, en dessins, et que tous ceux qui se sont occupés de fabrication à Lyon, comprenant toute l'utilité d'une semblable création, feraient leur possible pour en augmenter les ressources.

Il serait fait un réglement qui, tout en facilitant l'usage et l'application des matériaux du musée, protégerait la collection nationale par des mesures d'ordre et de conservation de la plus grande sévérité. La rédaction, très importante et très difficile de ce réglement serait confiée au comité supérieur du travail ; tous les citoyens employés en fabrique y seraient admis sur la présentation de cartes délivrées par le secrétariat des prud'hommes, tous les jours de dix à quatre heures ; le dimanche et le jeudi seraient réservés au public.

⎯⎯⎯⎯⎯∘◉∘⎯⎯⎯⎯⎯

Les chômages, étendant aussi leurs conséquences funestes sur la classe des dessinateurs, nous proposerons ici l'allocation d'un fonds au directeur du musée de fabrique, à l'effet de procurer aux dessinateurs inoccupés un travail qui leur permettrait tout à la fois d'attendre la bonne saison, et de se perfectionner en faisant des études sur la nature. Cela consisterait à acheter, pour la collection en matériaux de dessins, des études faites sur la nature, ou des dessins composés, soit au trait, soit coloriés, autant qu'ils auraient un certain mérite, une valeur quelconque.

Les vendeurs garantiraient l'originalité du dessin, c'est-à-dire qu'il n'aurait été ni décalqué ni copié.

Des citoyens spéciaux détermineraient le prix des dessins présentés ; on pourrait également le fixer à l'avance.

Aucun dessinateur ne pourrait travailler régulièrement pour le musée ; on limiterait à tant par mois le nombre de dessins à acheter à la même personne, qui ne pourrait, en aucun cas, vendre autre chose que son travail personnel.

—

IMPULSION NOUVELLE A DONNER A L'ÉCOLE DE DESSIN DE LYON.

Parmi le grand nombre de métiers qui concourent à la confection des tissus de soie, nous considérons celui de dessinateur comme un des plus importants, soit pour la variété des connaissances qu'il exige, soit pour son influence immédiate sur le succès de la plus grande partie des tissus façonnés ; ainsi des tissus fondamentaux, tels que damas pour robes, satin pour gilets, ne peuvent être renouvelés qu'à la condition d'un dessin présentant un type nouveau, en rapport avec les exigences toujours nouvelles de la mode.

L'étude du dessin, pour les dessinateurs voués à l'industrie, doit donc avoir un double but, de rendre facile l'exécution de tout ce que la fantaisie peut innover, et ensuite de constituer à l'imagination un répertoire varié de fleurs, plantes, ornements, bizarreries formant la base de toute composition appliquée aux tissus de soie, à la porcelaine, à l'impression, aux papiers peints, etc.

Tout ce que nous avons dit précédemment a constamment tendu à prouver que le seul article qui permette de résoudre sans efforts dangereux, la question du travail à Lyon, c'est la nouveauté, qui est notre production naturelle, celle où nous excellons, celle que nous devons perfectionner encore. Les succès de cet article sont absolument liés à la bonne direction de notre école nationale de dessin et aux talents des dessinateurs qui y sont formés. Cette école, spécialement créée pour l'industrie, n'atteindra complètement ce but qu'en dirigeant ses élèves vers un système d'études qui les rende propres à être employés dans toutes les industries dont le dessin forme la base, tels que le papier peint, la porcelaine, etc., ce qui peut très bien s'obtenir sans négliger en rien la spécialité du dessin de soieries.

Nous allons indiquer les améliorations qui nous paraissent propres à réaliser cette proposition.

Les premières années d'études, en passant par les principes, la bosse, la figure, sont indispensables; elles apprennent à l'élève à dessiner; mais, après ces classes, nous demanderons le rétablissement d'une classe spéciale d'ornements de tous les temps, de tous les pays, et dont la connaissance est de première nécessité dans le dessin de l'industrie.

On dirigerait l'étude de l'ornement de manière à ce que, dans une année, l'élève eût le temps d'étudier tous les styles, principalement ceux dont le caractère est le plus tranché, tels que le Mauresque, la Renaissance, le Louis XV, etc., qui sont des plus exploités en industrie. L'élève s'appliquerait particulièrement à saisir, dans ces études, ce qui constitue le caractère de tel ou tel genre d'ornement, puis il appliquerait le résultat de ses observations en composant pour son concours de la fin de l'année une frise, un tapis, un papier peint, un dessin de meuble dans un style indiqué et sans l'aide d'aucuns matériaux.

DE LA CLASSE DE LA FLEUR ET DE LA COMPOSITION.

Un des vices du système actuel, c'est de laisser travailler l'élève sans qu'il puisse se rendre compte de l'application de son travail, sans qu'il connaisse le but final de ses études.

Le musée de fabrique dont nous avons parlé obvierait à cet inconvénient, en permettant aux élèves de consulter les genres qu'ils auraient à traiter, et de travailler ainsi avec connaissance de cause. Ces recherches, qui se feraient en dehors du travail, auraient encore une extrême importance, quand elles ne serviraient qu'à *faire voir* beaucoup à l'élève.

Les études qui se font à la classe de fleurs, ayant pour principal objet les connaissances les plus étendues de la nature, il serait infiniment préférable pour l'industrie qu'un élève fît avec intelligence 200 dessins ou études dans son année, que s'il s'attachait à faire deux ou trois tableaux dans le même temps. Cette raison, qui nous paraît incontestable, nous fera proposer, pour la classe de fleurs et de composition, un concours mensuel où les élèves seraient jugés sur la qualité et la quantité des dessins ; en agissant de cette manière, on serait sûr d'accorder le prix annuel au plus travailleur et au plus méritant ; on pourrait aussi, dans la belle saison, dans l'intérêt de la variété des connaissances, faire travailler à la campagne les élèves de la fleur, un jour ou deux par semaine, en exigeant d'eux un travail en rapport avec le temps matériel qu'ils y auraient passé, et cela, sous peine de leur supprimer les agréables études sur la nature, où l'on trouve en abondance des plantes de toutes sortes, et les arrangements les plus inattendus. Il serait bon qu'ils fussent accompagnés du professeur qui les guiderait dans le choix des études à faire. On ferait employer, à l'école comme dans ces excursions, le mode d'exécution le plus expéditif, afin qu'ils puissent faire un grand nombre d'études dans leur année ; nous n'excluons pas la gouache, l'aquarelle, avec lesquelles on peut arriver très vite à d'excellents résultats, mais nous recommandons particulièrement les traits.

Nous répèterons ici ce que nous avons dit pour l'ornement, que les élèves doivent s'attacher, par des études intelligentes, à se meubler l'imagination en appréciant ce qui donne aux fleurs et aux plantes leur caractère particulier, les emmanchements, les attaches, les boutons, etc. Pour compléter ce système d'études, on procéderait immédiatement à leur application à l'industrie en faisant le soir, dans la classe de composition, composer à l'élève, qui aurait fait le matin des études de roses et de tulipes, des dessins dans lesquels ces fleurs entreraient comme groupe principal, comme base de composition. Les heures de travail seraient, pour la classe de fleurs, de neuf heures à deux heures ; pour la classe de composition, de quatre à sept heures du soir. Il est hors de doute que les élèves, ayant à appliquer le soir même, sans autre ressource que leur mémoire, leurs études du matin, s'appliqueraient à étudier consciencieusement, afin d'éprouver le moins d'embarras possible dans leurs compositions.

RÉSUMÉ DES MOYENS QUE NOUS AVONS PROPOSÉ POUR ARRIVER A L'ORGANISATION DU TRAVAIL.

Eviter les chômages par la distribution logique de nos forces productives, en les dirigeant vers la consommation de luxe qui nous appartient de fait et de droit, et prévenir au besoin leurs fâcheuses conséquences par l'établissement de deux maisons nationales de fabrique ; arriver, par la fabrication de ces produits, à constituer un minimum qui ne peut varier que pour l'élever proportionnellement aux bénéfices;

Protéger le développement séricicole en France, moyen le plus sûr pour diminuer les prix de consommation, enfin étendre et faciliter nos relations extérieures par la révision de nos lois de douane et par de nouveaux traités.

RÉSUMÉ DES AMÉLIORATIONS A ÉTABLIR POUR ATTEINDRE A LA PLUS GRANDE SUPÉRIORITÉ POSSIBLE DANS NOS PRODUITS.

Créer un comité supérieur du travail chargé des intérêts généraux de la fabrique;

Améliorer l'éducation industrielle de tous les travailleurs de la fabrique, par des cours publics;

Elargir le cadre de la production par les ressources du musée national;

Perfectionner le goût et le dessin dans nos produits par des réformes sur l'étude du dessin.

NOTA.

C'est avec intention que nous ne nous sommes occupé, dans notre projet, que des 25,000 métiers fonctionnant dans la ville, quoique le nombre total soit de 55,000, en y comprenant les métiers qui tissent des étoffes unies dans les communes suburbaines, et qui seuls peuvent encore lutter contre la concurrence étrangère ; que la plupart d'entre eux soient obligés, par la suite, de se relier aux métiers de Lyon, quelques mille de plus ne dérangeraient rien à notre calcul.

FIN.

www.ingramcontent.com/pod-product-compliance
Ingram Content Group UK Ltd.
Pitfield, Milton Keynes, MK11 3LW, UK
UKHW020100100726
13658UKWH00004B/1872